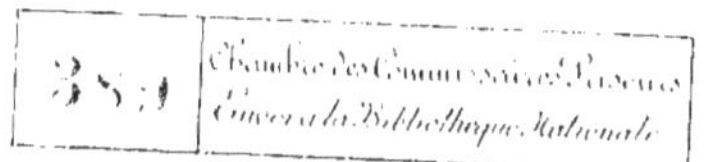

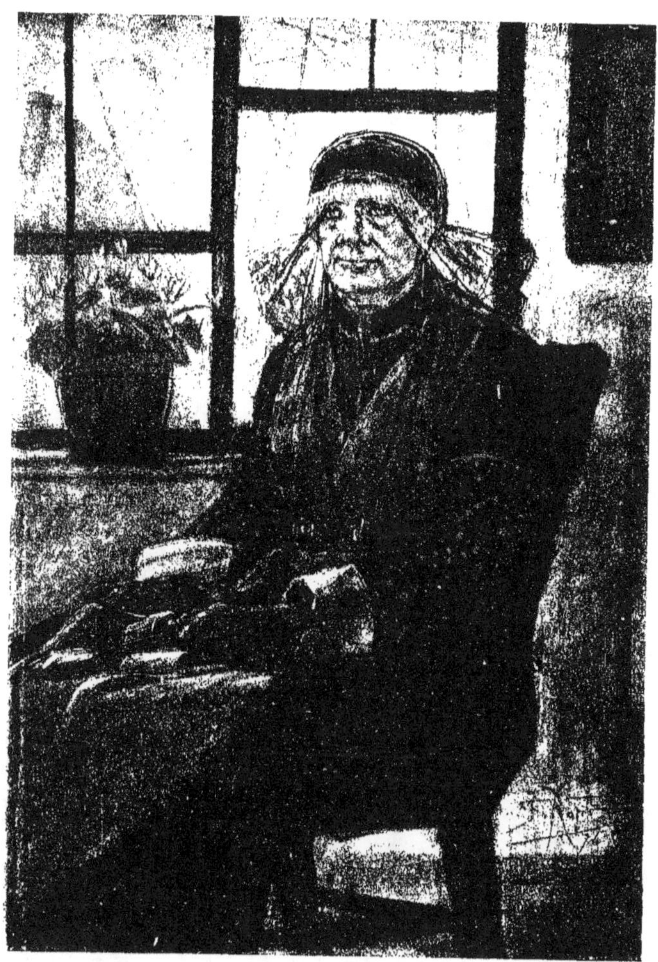

ŒUVRES de FÉLICIEN ROPS

M. Maurice Delestre   M. Loys Delteil

IMPRIMERIE
de la
GAZETTE DES BEAUX-ARTS
8, Rue Favart

CATALOGUE

d'une

Intéressante Collection

D'ŒUVRES

de

FÉLICIEN ROPS

Dont la vente aura lieu

à Paris, **HOTEL DROUOT**, Salle N° 8

Le Lundi 30 Novembre 1903

———

Par le Ministère de Mᵉ MAURICE DELESTRE

COMMISSAIRE-PRISEUR

5, rue Saint-Georges

Assisté de M. LOYS DELTEIL, Artiste-Graveur Expert

22, rue des Bons-Enfants

CONDITIONS DE LA VENTE

Elle sera faite au comptant.

Les acquéreurs paieront *dix pour cent* en sus des prix d'adjudication.

M. Loys Delteil remplira les commissions que voudront bien lui confier les amateurs ne pouvant y assister ; il se réserve, en outre, la faculté de diviser ou rassembler les lots.

MM. les amateurs pourront visiter la collection, *22, rue des Bons-Enfants*, les *Vendredi 27* et *Samedi 28 Novembre 1903*, de 10 heures à 4 heures.

Exposition publique, *à l'Hôtel Drouot*, le *Dimanche 29 Novembre*, de 3 heures à 5 heures.

DÉSIGNATION

1. — Portrait de Rops, par F. Courboin, trois épreuves d'état.

1 bis. — Portrait de Rops, par de Witte.

1 ter. — La Diligence d'Uccle (E, Ramiro 2). Belle épreuve. Très rare.

2. — La Femme au boléro (3). Belle épreuve. Très rare.

3. — La Fantoche (10). Très belle épreuve du 2ᵉ état, *sur papier du Japon*.

4. — La Femme à la toque écossaise (23). Deux épreuves des 7ᵉ et 8ᵉ états.

5. — Les Adieux d'Auteuil (30). Belle épreuve sur papier du japon, *signée*.

6. — Norwégienne (32). Très belle épreuve, *signée*.

7. — Le Bassoniste (40) — Poisson rare (549). Deux pièces.

8. — Servante (41). Belle épreuve *sur papier du Japon, signée*.

9. — L'Oncle Claes et la Tante Johanna (42). Deux belles épreuves, une *sur papier du Japon, signée*.

10. — Prêtre Russe (43). Très belle épreuve du 2ᵉ état, *sur papier du Japon*.

11. — La même estampe. Très belle épreuve du 3ᵉ état, *sur papier du Japon*.

12. — La Petite Femme à la fourrure, assise (45). Très belle épreuve du 2ᵉ état, *signée*.

13. — La Grande Femme à la fourrure, assise (46). Très belle épreuve du 3ᵉ état, *sur papier du Japon, signée*.

14. — Paysage brabançon (48). Curieuse épreuve portant en marge une longue lettre de Rops adressée à un ami :
Plus de papier! même japonais. — Je t'écris sur une épreuve ratée. J'ai retrouvé à propos d'épreuves un tas de vieilles planches et j'en ai fait quelques nouvelles...

15. — En prenant le thé (51). Très belle épreuve du 2ᵉ état. *signée.*

16. — Passé minuit (52). Très belle épreuve du 1ᵉʳ état, *signée.*

17. — La Femme au trapèze (53). Très belle épreuve du 2ᵉ état. *signée.*

18. — Parisine (54). Très belle épreuve du 3ᵉ état.

19. — Metella (56). Très belle épreuve du 3ᵉ état. *sur papier du Japon. signée.*

20. — L'Affûteur (57). Belle épreuve sur papier du Japon. signée.

21. — L'Experte en dentelles (58). Très belle épreuve du 1ᵉʳ état, *sur papier du Japon. signée.*

22. — La même estampe. Très belle épreuve du 2ᵉ état. le caractère de la tête changé ; elle est *sur papier du Japon et signée.*

23. — Le Modèle (65). Très belle épreuve d'essai du 5ᵉ état, avant le nom de Rops. *sur papier de chine.*

24. — La Dalécarlienne (66). Très belle épreuve du 4ᵉ état.

25. — La Bucheronne ou le Grand paysage Brabançon (67). Eau-forte exécutée en collaboration avec Louis Dubois. Très belle épreuve.

26. — La Barque (70). Très belle épreuve du 4ᵉ état.

27. — Misanthropie! (83). Très belle épreuve. *signée.* Collection A. Tricaud.

28. — La Dame au Carcel (85). Très belle épreuve du 2ᵉ état, *signée.*

29. — Zud-West (86). Très belle épreuve *sur papier du Japon, signée.* Collection Tricaud.

30. — Le Rydeack (87). Très belle épreuve. *signée.*

31. — Pilier d'Église (90). Très belle épreuve du 1er état (seul décrit). avant le monogramme. elle est *sur papier du Japon et signée.*

32. — Question d'Orient (92). Très belle épreuve du 4e état.

33. — Au Feu ! (93). Très belle épreuve du 3e état. *sur papier du Japon.*

34. — Le Doigt dans l'Œil. invitation d'une Société d'artistes (99). Très belle épreuve du 2e état. légèrement *rehaussée de couleurs.* Collection E. Ramiro.

35. — Paysan breton (102). Très belle épreuve. signée.

36. — Garçon brasseur Bruxellois (104). Très belle épreuve. *sur papier du Japon. signée.*

37. — Sortie de Bal (105). Très belle épreuve. *sur papier du Japon. signée.*

38. — La Buée d'Automne. en Ardennes (109). Belle épreuve sur papier du Japon. *signée.*

39. — Les Laveuses. 1er fragment de la Buée d'Automne (110). Très belle épreuve du 2e état. *signée.*

40. — Sur la Lesse. 2e fragment de la Buée d'automne (111). Belle épreuve sur papier du Japon. *signée.*

41. — La vieille Masken. servante Anversoise (112). Très belle épreuve du 3e état. *sur papier du Japon. signée.*

42. — Jean Vandyrendonck. pêcheur de Blankenberge (E. R. 113). Superbe épreuve du 3e état. avec en marge. une légende *manuscrite* de dix lignes de Rops : *A toi Jean. fils des Gueux...*

43. — Compagnons de box (115). Très belle épreuve. *signée.* Collection Armand Gouzien.

44. — La Grève. petite planche (120). Très belle épreuve du 3e état. *signée.*

45. — La même estampe. Très belle épreuve du même état. *sur papier du Japon. signée.*

46. — Dans la Pusta. petite planche (123 bis). Très belle épreuve *sur papier du Japon. signée.*

47. — Celle qui fait celle qui lit Musset (124). Très belle épreuve du 2e état. *sur papier du Japon. signée.*

48. — La planche du Tzigane (125). Très belle épreuve *sur papier du Japon. signée.*

49. — La dernière Maja (126). Très belle épreuve du 7ᵉ état, *sur papier du Japon, signée.*

50. — Ma Colonelle ! (127). Très belle épreuve du 2ᵉ état, *sur papier du Japon, signée.*

51. — Au Jardin (129). Belle épreuve du 3ᵉ état, *sur papier du Japon.*

52. — La Sieste, grande planche (131). Très belle épreuve *sur Japon, signée.*

53. — La Sieste, petite planche (132). Belle épreuve *sur papier du Japon.*

54. — Le Pot au lait (133). Eau-forte exécutée en collaboration avec le sculpteur Godebski. Très belle épreuve du 3ᵉ état, *sur papier du Japon, signée.*

55. — La Migraine (134). Très belle épreuve du 2ᵉ état, *sur papier du Japon, signée.*

56. — La Vieille aux Fleurs de lys (135). Très belle épreuve, *sur papier du Japon, signée.*

57. — Ma goutte (137). Très belle épreuve du 2ᵉ état, le sujet du milieu tiré à part et remonté. Collection A. Tricaud.

58. — Le Rappel (139). Très belle épreuve, *sur papier du Japon, signée.*

59. — Petite Bretonne (140). Très belle épreuve du 2ᵉ état, *signée.*

60. — Madame Grégoire (143). Belle épreuve, *signée.*

61. — Frontispice des *Œuvres inutiles et nuisibles*, grande planche (145). Belle épreuve du 5ᵉ état, sur papier du Japon.

62. — Le même frontispice, petite planche. Belle épreuve sur Japon, avec suscription *autographe* de Rops.

63. — Le Train des Maris (146). Belle épreuve du 3ᵉ état, *signée.*

64. — Douce Folie (147). Très belle épreuve *sur papier du Japon.*

65. — Guerrière (148). Très belle épreuve du 2ᵉ état, *sur papier du Japon, signée.*

66. — La Poupée du Satyre (150). Très belle épreuve, *sur papier du Japon, signée.*

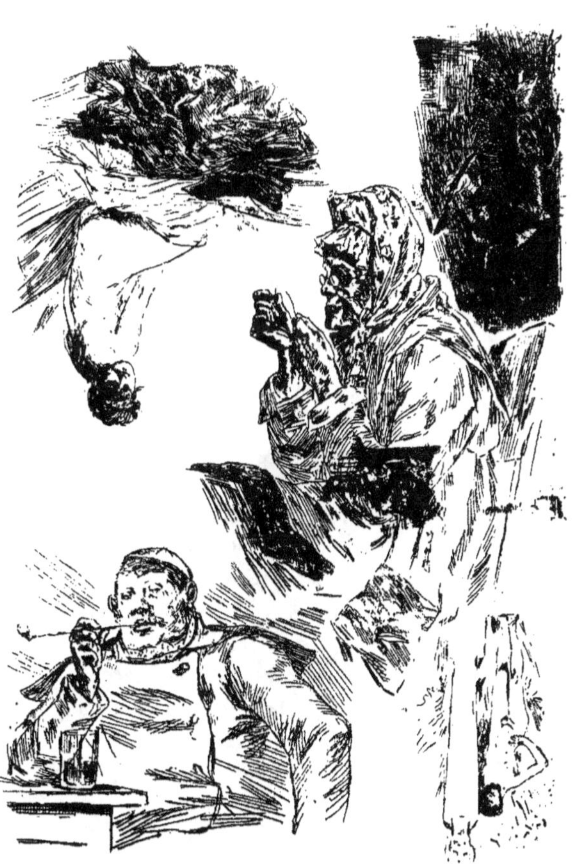

67. — Dans l'Atelier (151). Belle épreuve sur *papier du Japon*. *signée*.

68. — Juillet (153). Belle épreuve, *sur papier du Japon*.

69. — Frontispice d'une suite d'Œuvres libres (154). Très belle épreuve du 4ᵉ état, *sur papier du Japon*. *signée*.

70. — Vielle gouge (156). Très belle épreuve, *signée*.

71. — Ma Grand'tante (158). Très belle épreuve du 2ᵉ état.

72. — Fantaisie Japonaise (159). Belle épreuve, *signée*. Rare.

73. — Le Docteur Filleau (161). Belle épreuve, *sur papier du Japon, signée*.

74. — La Foire aux Amours, grande planche (163). Très belle épreuve du 2ᵉ état, *sur papier du Japon*. Très rare.

75. — La Foire aux Amours, grande planche (165). Belle épreuve, sur papier du Japon.

76. — Les Champs (166). Belle épreuve, *sur papier du Japon, signée*.

77. — Mors syphilitica (167). Belle épreuve, *sur papier du Japon*.

78. — O Nature ! (168). Très belle épreuve, *sur papier du Japon, signée*. Collection Arm. Gouzien.

79. — L'Été (169). Très belle épreuve.

80. — La Clef des Champs (172). Très belle épreuve du 1ᵉʳ état, *signée*.

81. — La Colère (173). Très belle épreuve, *signée*.

82. — Le dernier Pape (174). Très belle épreuve du 2ᵉ état, *sur papier du Japon*.

83. — Dimanche ! (175). Très belle épreuve, *sur papier du Japon, signée*.

84. — Le Pendu (176). Belle épreuve du 2ᵉ état, *sur papier du Japon*.

85. — La Chanson du soir (180). Très belle épreuve, *signée*.

86. — Bourgeoisie (181). Très belle épreuve, *sur papier du Japon, signée*.

87. — Barbey d'Aurevilly, fac-simile par Aglaus Bouvenne (183 des lith.). Très belle épreuve *sur chine, fixée*.

88. — La Flamande au chapeau de paille (195). Belle épreuve, *sur chine volant.* Collection A. Tricaud.

89. — Olla Podrida (208). Très belle épreuve du 3ᵉ état. Collections Ramiro et Tricaud.

90. — Les Sataniques (E. R. 221-227). Suite de sept pièces (manque E. R. 222 ; Les Monstres ou la Genèse), soit six pièces. Belles épreuves sur papier du Japon, signées, cinq planches avec *légendes autographes* de Rops. Collection A. Tricaud.

91. — A vous, général! (238). Très belle épreuve du 1ᵉʳ état, *sur papier du Japon.* Collection A. Tricaud.

92. — La même estampe. Très belle épreuve du 5ᵉ état.

93. — A toi, caporal! (240). Très belle épreuve du 1ᵉʳ état, *sur papier du Japon.* Collection A. Tricaud.

94. — Le Joyeux bidet (244). Très belle épreuve, *sur papier du Japon, signée.* Collection A. Tricaud.

95. — Ma Fille, monsieur Cabanel! (246). Très belle épreuve, *sur papier du Japon, signée.*

96. — Volupté (254). Très belle épreuve du 2ᵉ état, *signée.*

97. — L'Organiste du Diable (256). Très belle épreuve *sur papier du Japon.*

98. — Appel aux masses (258). Très belle épreuve, *sur papier du Japon.* Collection A. Tricaud.

99. — Eve (260). Très belle épreuve, *signée.*

100. — Puberté (261). Très belle épreuve du 1ᵉʳ état, *non décrit,* avant la légende. Collection A. Tricaud.

101. — Le Pêcher mortel (266). Epreuve de la planche rayée, *signée.*

102. — Nubilité (267). Belle épreuve, *signée.*

103. — Messalina (270). Belle épreuve, *sur papier du Japon.*

104. — Perle d'Alabaceyn (276). Très belle épreuve.

105. — La Celle au tambour-maître (279). Très belle épreuve. Collection A. Tricaud.

106. — Menus : politique, pour Ménard-Dorian (285) — La Crémaillère (295). Très belles épreuves, *signées.*

107. — Menus: La Défense du Budget (286) — Le Paon (287) — Le Docteur ou l'Omelette fantastique (289). Trois pièces. Belles épreuves.

108. — Menus : Le Paddock de Joyenval (291) — Le Jockey (292). Deux pièces. Belles épreuves.

109. — Menus : Le Dindon (294) — Menu Duluc (297) — Le Cochon truffier (298). Trois pièces. Belles épreuves, deux *signées*.

110. — Lettrines : Le Tir à l'arc (302) — Le Chat (309) — Les Violettes de Jeanne (324). Trois pièces. Belles épreuves, *signées*.

111. — La Chrysalide, invitation à l'Exposition du cercle de la Chrysalide, à Bruxelles (330). Très belle épreuve, *sur papier du Japon*.

112. — La Presse, adresse de F. Nys (328) — L'Amour au Tambourin (335). Deux pièces. Belles épreuves, *signées*.

112 bis. — Affiche des *Rimes de joie*, par Th. Hannon (336). Très belle épreuve, *tirée en deux tons*.

113. — Les Diaboliques, grandes planches : Le Sphynx — Le Rideau cramoisi — Le Plus bel amour de Don Juan — Le dessous des cartes d'une partie de whist — Le Bonheur dans le crime — Le Viol et la Prostitution dominant le Monde. Six pièces. Belles épreuves, deux sont signées.

114. — Frontispices: Le Cabinet satyrique du XVIIIe siècle (352) — Le Grand et le petit trottoir (374) — Chez les Passants (643). Trois pièces. Belles épreuves.

115. — Frontispice pour *Les Amusements des Dames de Bruxelles* (353). Belle épreuve, *sur papier du Japon*.

116. — Frontispice pour les *Chansons badines*, par Collé (354). Très belle épreuve, *sur papier du Japon, signée*. Collection E. Ramiro.

117. — Le Sire de Lumey (358). Très belle épreuve d'état, *sur papier de Chine volant, signée*.

118. — Uylenspiegel et le chien blessé (360). Eau-forte exécutée en collaboration avec Louis Arton. Très belle épreuve du 1er état, *signée*.

119. — Post-Face des *Légendes flamandes* (367). Très belle épreuve du 1er état, *sur papier du Japon, signée*.

120. — Les Cousines de la Colonelle, frontispice (369). Très belle épreuve du 1ᵉʳ état, *sur papier du Japon.*

120 bis. — La même estampe. Très belle épreuve du 2ᵉ état, *sur papier du Japon, signée.* Collection E. Ramiro.

121. — Les Cythères Parisiennes, grande planche d'ensemble, comprenant les dix-huit sujets (395). Très belle épreuve du 4ᵉ état, *signée.*

122. — *Le Catéchisme des Gens mariés,* frontispice (401). Très belle épreuve, *sur papier du Japon, signée.* Collection E. Ramiro.

123. — La Fleur lascive orientale, petit frontispice (402). Très belle épreuve, *sur papier du Japon, signée.*

124. — Le même frontispice, grande planche (403). Belle épreuve, *sur papier du Japon.*

125. — Frontispice pour les *Œuvres badines,* par l'abbé de Grécourt (409). Très belle épreuve du 2ᵉ état, *signée.* Collection Arm. Gouzien.

126. — Frontispice pour *Rimes de joie,* par Th. Hannon (412). Très belle épreuve du 1ᵉʳ état, *sur papier du Japon, signée.*

126 bis. — La même estampe. Belle épreuve du 4ᵉ état, *signée.*

127. — L'Art moderne ou la Lecture du grimoire (413). Très belle épreuve *sur papier du Japon.* Collection E. Ramiro.

128. — Folies-Bergère (414). Très belle épreuve du 2ᵉ état, *sur papier du Japon, signée.* Collection E. Ramiro.

129. — La Femme à la fourrure, debout (415). Très belle épreuve du 5ᵉ état, *sur papier du Japon.* portant en marge, deux quatrains manuscrits. *Signée.* Collection E. Ramiro.

130. — Frontispice pour *le Diable dupé par les Femmes* (416)· Très belle épreuve, *sur papier du Japon, signée.*

131. — *Le Christ au Vatican,* par Victor Hugo, frontispice (417), Très belle épreuve du 2ᵉ état, *signée.*

132. — Lettrine de Mᵐᵉ Léontine D. — Servante (417) — Lettrine de J. Tobynn (618) — Flirt — Petite Sorcière — Décor. Six pièces, *signées,* deux tirées sur une même feuille.

133. — Frontispice pour le *Roman d'une nuit*, par Catulle
Mendès (418). Très belle épreuve, *sur papier du
Japon, signée*. Collection E. Ramiro.

134. — Frontispice pour *La Messe de Guide.* (419). Très belle
épreuve, *sur papier du Japon, signée*.

135. — Frontispice pour *l'Escole des Filles*, par Mililot (422).
Très belle épreuve, *sur chine volant*.

136. — Frontispice pour *Gaspard de la nuit*, par L. Bertrand
(424). Belle épreuve du 3ᵉ état, *sur chine volant,
signée*.

137. — Frontispice pour les Œuvres d'Alfred de Musset (425).
Très belle épreuve, *sur papier du Japon, signée*. Collection E. Ramiro.

138. — La Fileuse, d'après J. F. Millet (432). Très belle épreuve
du 3ᵉ état, *signée*.

139. — Frontispice pour *La Sphère de la Lune* (434). Très belle
épreuve, *sur papier du Japon*.

140. — Frontispice pour *Curieuse*, par J. Péladan (427). Belle
épreuve. Collection E. Ramiro.

141. — Frontispice pour le *Vice suprême*, par J. Péladan (428).
Belle épreuve, *sur papier du Japon, signée*.

142. — Frontispice pour *La Vie élégante*, (446). Très belle
épreuve, *sur papier du Japon, signée*. Collection
A. Tricaud.

143. — Les Exercices de dévotion de M. Henri Roch, frontispice, petite planche (447). Très belle épreuve,
signée et portant en marge *deux croquis exécutés à la
plume*, par Rops.

144. — Le même frontispice, grande planche (448). Très
belle épreuve, *sur papier du Japon, signée*. Collection E. Ramiro.

145. — Anandria, frontispice, planche d'essai (449). Belle
épreuve, *sur chine volant*.

146. — Frontispice pour l'Art priapique (451) — *Les Gaietés
de Béranger* (452). Deux pièces. Très belles épreuves.
Collection A. Tricaud.

147 — Frontispice pour *Point de Lendemain*, par V. Denon
(456). Belle épreuve *sur chine volant*. Collection
A. Tricaud.

147 bis. — Frontispices pour le : *Grand et petit Trottoir — Amusement des Dames de Bruxelles — Cabi et Satyrique*. Trois pièces.

148. — Frontispice pour le *Nouveau Parnasse Satyrique* (471). Belle épreuve *sur chine volant*

149. — 1ʳ et 2ᵉ Frontispices pour le *Théâtre gaillard* (472-473). Belles épreuves. Collection A. Tricaud.

150. — Frontispice pour *Le Parnasse satyrique* (482). Très belle épreuve. *sur papier du Japon.*

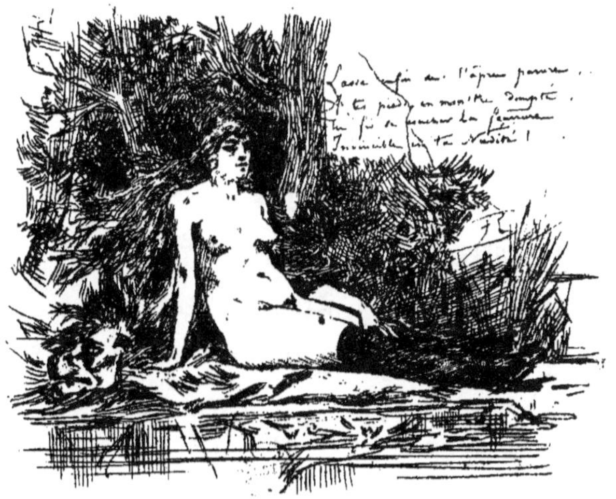

151. — La Femme à la tête de mort. planche d'ensemble (486). Très belle épreuve du 2ᵉ état, *sur papier du Japon, signée.*

151 bis. — La même estampe. Très belle épreuve du 4ᵉ état. *sur papier du Japon, signée.* Collection E. Ramiro.

152. — L'Histoire de la Sainte Chandelles d'Arras et les Chats, planche d'ensemble (488). Très belle épreuve du 3ᵉ état, *signée.*

153. — Clos du Roy et Complaisance. planche d'ensemble (494). Très belle épreuve du 1ᵉʳ état, *sur papier du Japon, signée.* Collection A. Tricaud.

154. — La Vieille à l'aiguille, planche d'ensemble (496). Très belle épreuve du 2ᵉ état, *sur papier du Japon, signée.*

155. — Dans la Pusta, nouvelle planche (526). Belle épreuve, *sur papier du Japon, signée.*

156. — Laitière Flamande (531). Très belle épreuve du 3ᵉ état, *signée.* Collection A. Tricaud.

157. — La même estampe. Deux très belles épreuves des 4ᵉ et 6ᵉ états, sur *papier du Japon,* l'une *signée.*

158. — Petit Modèle (533). Très belle épreuve du 1ᵉʳ état, *signée.*

159. — La même estampe. Très belle épreuve du 2ᵉ état, *signée.*

160. — Premier pas (534). Très belle épreuve *sur papier du Japon.* Collection Arm. Gouzien.

161. — La Cuisine de l'auberge des Artistes, à Anseremme (538). Très belle épreuve, *sur papier du Japon, signée.*

162. — L'Incantation (540). Belle épreuve, *sur papier du Japon.*

163. — Décembre ou Vieux Poète (541). Belle épreuve *sur papier du Japon, signée.*

164. — Vieille histoire (544). Très belle épreuve. *Signée.*

165. — L'Ame des choses (545). Très belle épreuve. Collection A. Tricaud.

166. — Humble nudité (547). Très belle épreuve *sur papier du Japon,* avec légende manuscrite de Rops. *Signée.*

167. — Diabologie (548). Très belle épreuve, *sur papier verdâtre, signée.*

168. — Le Médecin des fièvres (552). Belle épreuve, *sur papier du Japon, signée.*

169. — Plénipotentiaire (557). Très belle épreuve, *signée.*

170. — Frontispice pour *Parrallèlement,* par P. Verlaine (558). Très belle épreuve, *sur papier du Japon.*

171. — Le Coup de la Jarretière (560). Très belle épreuve, *signée.*

172. — La Messagère du Diable (561). Belle épreuve.

173. — Vénus Milita (562). Très belle épreuve, *signée,* avec en marge un croquis au crayon noir. l'*Ivresse.*

174. - Vendangeuse (564). — Madame Hammelette (581). Deux pièces. Belles épreuves, *signées*.

175. — La Pudeur de Sodome, grande planche. (569). Très belle épreuve. *sur papier du Japon, signée*.

176. — Daphné ou le Livre moderne (571). Belle épreuve. *signée*.

177. — La Cantinière des Pilotes (572). Très belle épreuve. *signée*.

178. — La Justicière ou Ecce Homo (574). Très belle épreuve *sur papier du Japon, signée*.

179. — Porteuse de poisson. planche d'ensemble (579). Très belle et rare épreuve du 2ᵉ état avec les *neuf croquis*, signée; *sur papier du Japon*.

179 bis. — La même estampe. Très belle épreuve du 4ᵉ état, *sur papier du Japon, signée*.

180. — La Vieille au chapelet (584). Très belle épreuve tirée sur papier ancien. Collection G. Pochet.

181. — Speculum (598). Très belle épreuve. *signée*.

182. — Naturalia! (604). Belle épreuve.

183. — Vachère (607). Très belle épreuve, *sur papier du Japon*.

184. — Gaieté hermaphrodique (615). Très belle épreuve. *sur papier du Japon*.

185. — A Kédysséril (633). Très belle épreuve. *sur papier du Japon, signée*.

186. — Frontispice pour les *Notes d'un vagabond*. par J. Dardenne (634). Superbe épreuve. *sur papier du Japon, signée*.

187. — Frontispice pour l'*Initiation sentimentale*, par J. Peladan (635). Très belle épreuve, signée.

188. — Frontispice pour la *publication manuscrite autographe* d'œuvres de Mallarmé (636). Très belle épreuve, *signée*.

189. — Maturité (637). Très belle épreuve. *sur papier du Japon*.

190. — La Pudeur de Sodome, par G. Guiches. frontispice (638). Très belle épreuve, *sur papier du Japon. signée*.

191. — Frontispice pour l'*Amante du Christ*. par Darzens (639).
Très belle épreuve, *signée*.

192. — Frontispice pour *A Cœur perdu*. par J. Péladan (640).
Très belle épreuve, *signée*.

193. — Sirène à l'affût. frontispice pour *Morgat*. par Darzens
(652). Belle épreuve. *signée*.

194. — Fleurons et culs-de-lampe. pour *Morgat*. pour R. Darzens (653-656). Suite de quatre pièces gravées en bois.
Très belles épreuves. *sur papier du Japon*. — La
Timbale d'argent (fac simile Yves et Barret). — Ensemble cinq pièces.

195. — Ecchymoses. pour les *Sonnets du Docteur* (657). Très
belle épreuve. *sur papier du Japon*. *signée*.

196. — La même estampe. Belle épreuve *tirée en sanguine*.
Collection A. Tricaud.

197. — L'Auscultation, pour les *Sonnets du Docteur* (658). Très
belle épreuve. *sur papier du Japon, signée*.

198. — Frontispice pour *Un Document sur l'impuissance
d'aimer*, par Jean de Tinan (E. R. 660). Très belle
épreuve du 4ᵉ état. avec les *croquis*; elle est tirée en
ton verdâtre. *sur papier du Japon*.

199. — La même estampe. Très belle épreuve du même état *sur
Japon*. Collection Tricaud.

200. — La même estampe. Très belle épreuve du 5ᵉ état. les
croquis effacés ; elle est tirée en *ton verdâtre, sur
papier du Japon*.

201. — La petite Lyre. frontispice pour *Poésies, premier cahier,
par Mallarmé* (E.R. 678). Très belle épreuve du 2ᵉ
état. avec un *seul croquis. sur papier du Japon*. Collection Tricaud.

202. — La même estampe. Très belle épreuve du 4ᵉ état, avec
trois croquis. sur papier du Japon. Collection Tricaud.

203. — La même estampe. Très belle épreuve du 5ᵉ état. avec *six
croquis. sur papier du Japon*.

204. — La Dame au cochon. grande planche. Belle épreuve. *sur
papier du Japon. signée*.

205. — La Feuille de vigne. Très belle épreuve. *sur papier du
Japon. signée*.

206. — Holocauste. Très belle épreuve, *sur papier du Japon,
    signée.*

207. — Le Massage, grande planche. Belle épreuve, *sur papier
    du Japon, signée.*

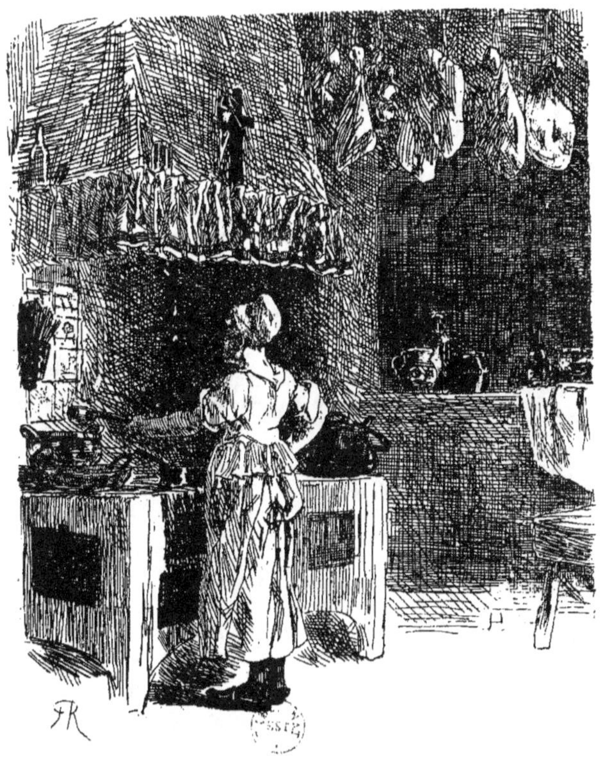

208. — La Mort qui danse. Très belle épreuve, *signée.*

209. — La Muse de Rops. Très belle épreuve d'état, *sur papier
    du Japon.*

210. — Le Traité de la Chasteté. 1884. Très belle épreuve du 1ᵉʳ
    état. *sur papier du Japon.*

Rops (d'après)

211. — Le Quatrième verre de cognac. Très belle épreuve. sur papier du Japon.

212. — La Dame au cochon. par E. Gaujean. Deux belles épreuves imprimées en couleurs, sur papier du Japon, l'une portant cette suscription : *Épreuve d'essai (Nys)*.

213. — L'Attrapade — Mademoiselle de Maupin. Trois pièces. par Franc-Courbain. Très belle épreuve.

214. — Le Vol et la Prostitution dominant le Monde — La Femme et la Folie dominant le Monde. Deux pièces par Bertrand. Très belles épreuves. *sur papier du Japon, une imp. en couleurs*.

215. — La Dentellière — La Dame au pantin — La Mère aux satyrions. Trois pièces par Bertrand. Très belles épreuves, deux numérotées.

216. — Les Glaneuses — La Mère et l'Enfant — Le Portier — Le Pêcheur. Quatre pièces par Bertrand. Très belles épreuves.

217. — La Pierreuse — La Foire aux Amours — La Flamande assise — La Flamande au berceau — Le Rémouleur — Le Bout du Sillon. Six pièces par Bertrand.

218. — Bonne Hollandaise — Manon — La Légende des sexes — La Joueuse de Flûte — La Mort. Cinq pièces par L. Legrand, A. Bertrand et Rassenfosse.

219. — La Dame au Pantin — Le Démon de la Coquetterie. Deux pièces. Très belles épreuves. *sur papier du Japon, une imprimée en couleurs*.

220. — L'Amour dominant le Monde, In-fol. Belle épreuve, *imprimée en couleurs, sur papier du Japon*.

221. — La Buveuse d'absinthe. 2 pl. — Le Gandin ivre — La Saisie. Quatre pièces, épreuves *sur papier du Japon*.

222. — La petite Cendrillon — Planche d'ensemble des Menus — La Vieille à l'aiguille — Ma Grand'tante — Le Doigt dedans. Cinq reproductions par *l'héliogravure* d'estampes de Rops.

223. — Curiosité malsaine — Où qu'est le feu! — La Lecture du Grand Albert — Les Habilleuses de St-Joseph — L'Étude — La Dentellière. de face. Six pièces *sur papier du Japon*.

224. — L'examen — Femme au masque — Petite sorcière —
Tête de vieille Flamande — La Mort au bal masqué —
Les Diables froids — Souvenirs d'Antan. Sept pièces
sur papier du Japon, une *imprimée en couleur*s.

225. — Le Botaniste — La Gardeuse d'abeilles — Sidi-Okba —
Jamais assez — Jamais trop — L'Etudiant. Sept pièces
sur papier du Japon.

226. — Entr'acte — Oude Kate — Mlle de Maupin — L'Attrapade — La Parade — Le Cheval de bois — La Chro-
nique — Femme à sa toilette. Huit pièces. une *imprimée en couleur*s.

227. — La Nourrice au satyrion — Printemps — Vice suprême
— Le Roman d'une nuit — Ecce Diabola Mulier —
Diaboliques : La Vengeance d'une Femme, etc. Neuf
pièces.

www.ingramcontent.com/pod-product-compliance
Lightning Source LLC
LaVergne TN
LVHW020850200726
843508LV00003B/1124